JN288070

it happens to BOYS too...

男の子を性被害から守る本

著：J.サツーロ＋R.ラッセル＋P.ブラッドウェイ
訳　：三輪妙子
解説：田上時子

築地書館

it happens to BOYS too...
by
Jane A.W.Satullo, M.A.,
Roberta Russell, Ph.D.,
Pat A.Bradway
Copyright © 1987 by Rape Crisis Center of Berkshire County,Inc./
Elizabeth Freeman Center Inc.
Published by arrangement with
Rape Crisis Center of Berkshire County,Inc.
146 First St. Pittsfield, Massachusetts U.S.A 01201
Translated by Taeko Miwa
Published in Japan
by
Tsukiji-Shokan Publishing Co., Ltd.

日本語版の刊行によせて

メグ・ヒックリング

　わたしは1974年から、カナダの子どもとおとなのために「性の健康」について教えはじめました。当時は、子どもの性的虐待という問題については、わたしたちはほとんど何も知りませんでした。わたしたち看護師ですら、性的虐待の被害者について耳にすることも、また被害者に接することも、ほんのたまにしかありませんでした。患者さんや、わたしの教えた生徒たちのなかに虐待の形跡があったとしても、わたしたちはそれを見過ごしたか、または無視さえしたのかもしれません。

　その後、1970年代末から80年代初期になると、カナダや米国では、子どもの性的虐待について、またはそうしたトラウマを乗り越えたおとなたちについての本や記事、調査結果などが次々に発表されるようになりました。

　当初、被害者のほとんどすべては女性だと考えられていました。ところが、1985年にわたしはロランド・サミット博士によるワークショップに参加し、そうではないことを知ったのです。サミット博士は、性的虐待問題における先駆的な教育者であり、精神医療の臨床現場でも、また研究においても、20年におよぶ経験を積んでいた方です。

　サミット博士は、このワークショップの性的虐待に関する講演や報告書のなかで、いつも「子どもたち」ということばを使っていました。つ

まり被害者として、女の子だけでなく男の子もふくめていたのです。参加者のなかでこれを不審に思った人が、そのことを問いただしたところ、博士は性的虐待と搾取の被害を受けるのは、数の上で、男の子も女の子も同じだと思うと答えたのです。わたしたちはだれもが、その答えに驚愕しました。会場全体に驚きの波が広がると同時に、そんなことは信じられないという表情の人たちも見受けられました。博士は続けて、おとなのサバイバーの治療にあたった自分の経験から言うと、男性の加害者と同じくらい、女性の加害者が多くいたと続け、わたしたちをさらに驚かせたのでした。

　そして、もっと驚いたことには、カナダ政府が子どもと若者に対する性的虐待についての1984年の調査の結果を発表し、調査を受けた男性の３人に１人が、子どものころ、なんらかの性的虐待を受けていたことがその中で明らかになったのです。

　また、1990年に出版された"Abused Boys（虐待された男の子たち）"という、おとな向けの本のなかで、著者のミック・ハンター氏は、男の子の場合は、加害者が必ずしもその子に性的に接触するとは限らず、他のいろいろなやり方でも虐待すると述べています。たとえば、性的な目的のために、その子の写真を撮るとか、性的な話をする、子どもにポルノを見せる、子どもの性器や成長をからかう、子どもに性的行為を見せる、または加害者自身の性器を見せる、子どもに動物との性行為をむりやりさせる、性的な言葉で虐待する、などの行為です。

　こうして男の子も虐待されうることが、認識されるようになると、そ

れに対する一般的な意識向上のため、多くの努力がなされはじめました。それでも、まだまだすべきことはたくさんあります。被害者のために、もっとセラピストや治療機関を増やす必要がありますし、被害者の家族を救援するような専門家ももっと必要です。そしてもちろん、加害者も、子どものころに受けたであろう虐待のトラウマを治療するため、またもう二度と虐待の罪を犯さないようにするためにも、さまざまな援助を必要としています。

30年にわたる仕事のなかで、わたしは多くの親や専門家から、こう聞かれてきました。「虐待や搾取をなくすために、わたしたちはどうすればいいのでしょうか？」と。わたしは性の健康教育こそが、もっとも効果的な防止策であり、前向きなことであると信じています。幼児から十代の若者まで、すべての子どもたちに、性の健康を教えれば、彼らは自分のからだを気持ちよく受け入れ、健康的な生活態度を身につけ、どんな虐待や搾取であれ、抵抗し、また報告できるスキルを身につけることができるでしょう。また、親や教師、ソーシャルワーカー、医師、警察官、弁護士、政治家などに、性の健康を教えることにより、社会全体がだれにとってもより安全な場所になることでしょう。

バンクーバーの書店で本書"it happens to BOYS too..."を見つけたとき、わたしはとても驚きました。今までにこうした本を見たことがなかったからです。すばらしい内容で、とくに、加害者の声がはいっていることには感心しました。本書は、子どもが虐待問題について理解するのに、とても役立ちますし、子どもに力を与え、自分の身を虐待から守る

ことをも教えます。それをぜひ、親も他のおとなたちも理解してほしいと思います。子どもにこういうことを教えても、子どもをむやみに心配させたり、怖がらせたりすることにはなりません。自分にも抵抗する力があるのだと、子どもたちが感じられることが大事なのです。

　本書が日本でもこうして出版されることを、わたしはとてもうれしく思います。

メグ・ヒックリング（Meg Hickling）
1974年からカナダと米国で、子ども、親、専門家への「性の健康教育」に携わる性教育の第一人者。その仕事は高く評価され、カナダ勲章、ブリティッシュ・コロンビア大学の名誉博士号などを授与されている。日本でも1999年から毎年のようにワークショップや講演会を開催している。

メグさんのワークショップと講演会への問い合わせ先
NPO法人　女性と子どものエンパワメント関西
〒665-0056　兵庫県宝塚市中野町4-11
TEL：0797-71-0810　FAX：0797-74-1888
E-mail：videodoc@osk2.3web.ne.jp
URL：http://www.osk.3web.ne.jp/~videodoc

感謝のことば

　本書は、米国マサチューセッツ州ピッツフィールド市のバークシャー郡レイプ救援センターの3人のスタッフ、代表のロベルタ・ラッセル博士、臨床担当のジェーン・A・W・サツーロ、教育担当のパット・A・ブラッドウェイが書いたものです。

　イラストとレイアウトは、ナン・ブックレス・グラフィックデザイナーが担当しました。

　この本の初版時に、ピッツフィールド市のバークシャー地区健康教育センター、特にスタッフのジョアンナ・エジンガさんとシャロン・ヴァーゴさんが全面的に支援してくれたことに感謝します。また、同州ストックブリッジ市の第一組合教会の援助にも感謝します。

　そして、心からの感謝の意を、フランク、ジョー、マット、ランディーなどの勇気あるサバイバーたちに捧げたいと思います。

この本を書いたわけ

　性的虐待は男の子にも起こります。小学生約800人を対象としたある調査によれば、なんらかの性的虐待を受けたことのある子どもの数は、男女ほぼ同数でした*。しかし、さまざまな社会的・文化的な圧力のせいで、男の子は自分が受けた性被害についてなかなか話すことができません。そのため、必要とする支援やケアを受けられないことが多いのです。

　わたしたちの社会は、男の子に「強く、たくましく」と期待します。被害を受けた男の子は、だれかに打ち明けたいと思っても、そうすることで自分の弱さを認めたと思われると、悩むかもしれません。また、社会一般に同性愛を恐れる気運が根強くあるため、男性に虐待された男の子は、自分の性的アイデンティティーについて不安を感じてしまうでしょう。

　教育こそが、こうした恐怖心に打ち勝つための最良の手段のひとつです。この本の目的は、男の子やその親、さらに教師に、性的虐待の実態を知ってもらうことです。男の子が自分で、また親といっしょに、あるいは先生といっしょに読める、そんなかたちにしました。こうした知識を信頼できるおとなと分かち合うことが、年の若い被害者を助けるための最良の方法だと、わたしたちは信じています。

　子どもの性的虐待という問題に取り組むさいに、親も子どもも感じるであろう不安やつらさを、この本が少しでも取りのぞくことができればと願っています。

*J.L. Tobias and T. Gordon, "Special Projects: OPERATION VICTIMIZATION," Oakland County Homicide Task Force, 1977, p.3.

この本を書いた人

　この本のアイデアは、性的虐待の罪を犯し、コネチカット州ソマーズ市にあるコネチカット刑務所に収容されていた何人かの男性たちから生まれました。彼らは毎週数時間、マサチューセッツ州ピッツフィールド市のバークシャー郡レイプ救援センターの女性たちと、話し合いの機会をもっていました。彼らが毎週参加したこのミーティングは、性的虐待の加害者の治療プログラムの一環でした。こうした話し合いのなかでもっとも衝撃的だったのは、これらの男性だれもが、子ども時代に経験した性的虐待による苦痛と自己卑下の感情に苦しめられていたことです。被害を受けたときにまだ小さかったため、助けを求めても、だれも取り合ってくれなかったのです。必要な情報を得られる場所もなく、参考になる本など、もちろんありませんでした。

　これらの男性は、子どものころに自分の身に起こったことと、現在、刑に服しているという事実とがつながっていることに気づきました。小さいころに自分に対してなされた犯罪がなんだったのか理解したいという思いに駆られ、彼らはレイプ救援センターのスタッフの助けを借りて、性的虐待の問題について、子ども向けに書かれた本を集めはじめました。ところが、どの本も女の子を対象にしたものばかりだったのです。男の子のかかえる特殊な問題、たとえば男の弱さや同性愛に対する恐怖といった問題についてふれた本は、一冊もありませんでした。

　本書はこれらの男性たちの助けを借りて、男の子を対象として書かれたものです。被害者としても加害者としても、性的虐待を実際に経験した彼らは、この分野の真のエキスパートだと自負しています。男の子たちが、被害を受けたのは自分だけではないのだと知って安心できるように、彼らは自分たちの経験を語ってくれます。

いろんなふれられ方

男の子は、
自分がすきな人やしんらいしている人から
からだにふれられたとき、
うれしいなと感じることがあるよね。

たとえば、
せなかをぽんとたたかれるとか、
手をにぎられるとか、
愛情をこめてだきしめられるとか。

こうしたふれられ方をすると、
気持ちよいと感じたり、
安全で、
自分が愛されていると感じるよね。

11

もうひとつのさわられ方

でも、
さわられたときに、いやだなと感じることもあると思う。
たとえ、自分のすきな人や、
しんらいする人から、さわられるのであってもね。
たとえば、
いつまでも、くすぐられつづけるとき、
べちゃっとしたキスをされるときに
いやだと感じるって言う子もいるね。
からだのなかでも、性器*をさわられたり、
相手の人の性器をさわるようにと、言われたりするのは、
いやだと言う子もいる。

こういうさわられ方はどれも、性的虐待とよばれるんだ。
こんなふうにさわられると、男の子は
気味が悪いと感じたり、自分がきずつけられた気がしたり、
こわかったり、悲しかったり、
また、どうしていいか、わからなくなったりもする。

*性器──男の人も女の人も、両足のつけねにある部分全部をさす。

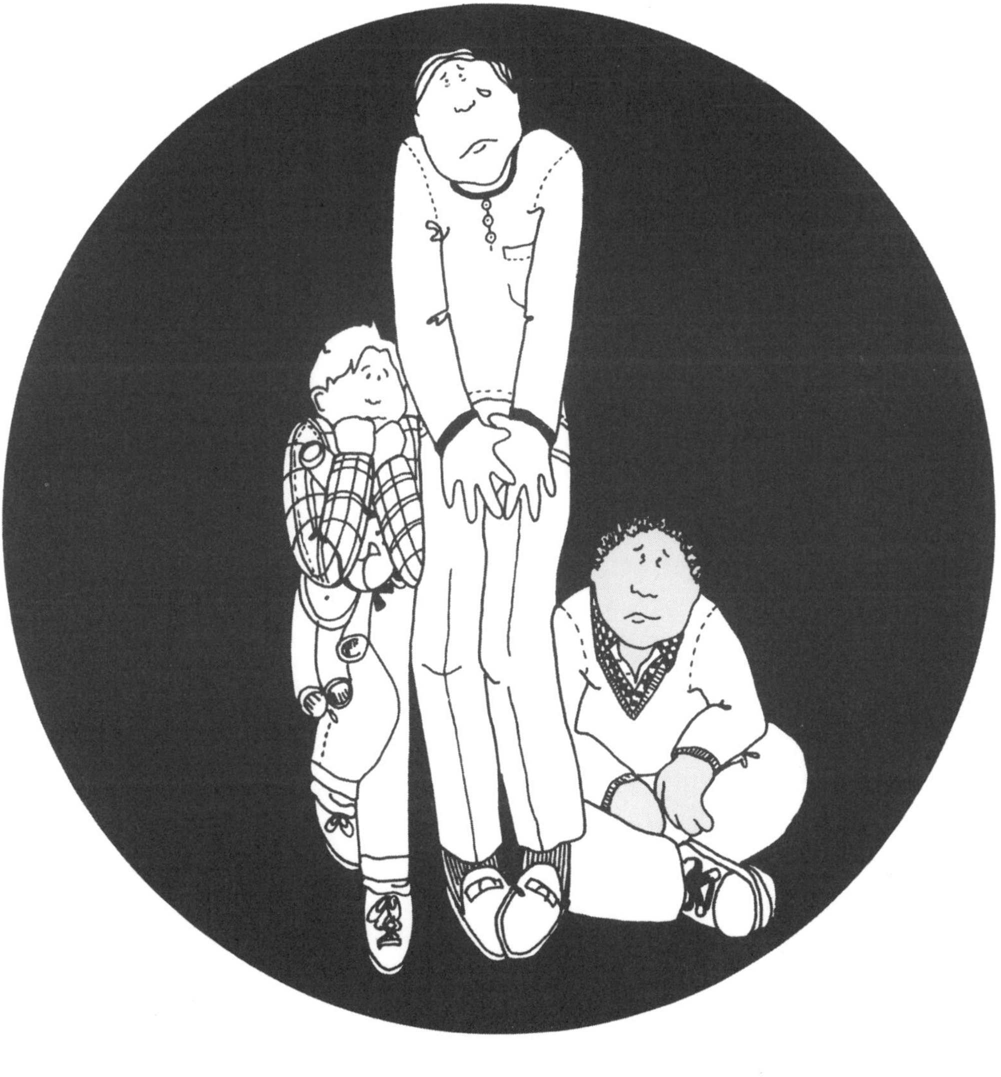

性的虐待って何？

性的虐待とは...

　だれかが、君のプライベートな部分（自分だけの大切なところ）を、君がいやだと言っているのに、さわったり、見たりすること。

　そういうさわられ方をすると、君はどうしていいかわからなくなってしまったり、こわいと感じたりするかもしれないね。

　また、さわられ方によっては、いたいこともある。

```
Kid's words for
private parts:
PETER  PEPPER  Weenus
chicken  duppe  pee pee  Beaner
peanut  TU TU  ワギナ  COOCH
CARROT  crotch  BUM  BUSH  HOT DOG
ペニス  HINEY  privates
CARRIAGE
DINKER  pee pee hole
JIGGER  weiner
Do you have a special
word for your
private parts?
You can
write it
here.
```

　イラストに入っていることばは、「ペニス」と「ワギナ」以外はすべて、プライベートな部分を意味する俗語です（訳者注）。

性的虐待とは...

　だれかが君に、君がいやがっているのに、その人のプライベートな部分を、さわらせたり、見せたりすることもさす。

　そういうことをされると、君はやはり、どうしていいかわからなくなったり、こわいと感じたりするだろう。

　こういうことをするのを、「虐待」と言うんだ。

　なぜなら、そういうことをする人は、君がおとなをしんらいしたり、そんけいしたりする気持ちを悪用するからだ。

　その人たちは、君がしたいことなど、まったくむししして、自分がしたいことだけをする。

君のからだは、君だけの大切なもの。だから、
自分が、いつ、ふれられたいかは、
君自身が決めていい。

男の子はこんなふうに思うかもしれない

次のことはみんなうそ

- 虐待されるのは、女の子と女の人だけだろう。

- 相手の男性のプライベートな部分にさわったら、自分はホモだということだ。

- 君が虐待されたことは、みんな、君の顔を見ただけですぐわかってしまう。

- 性的虐待をする人は、いじわるで、ぼう力をふるう見知らぬ人で、へんなかっこうをしていて、夜、とつぜんおそってくる。

- 女性にさわられたのだったら、よかったじゃないかと、友だちに思われるかもしれない。

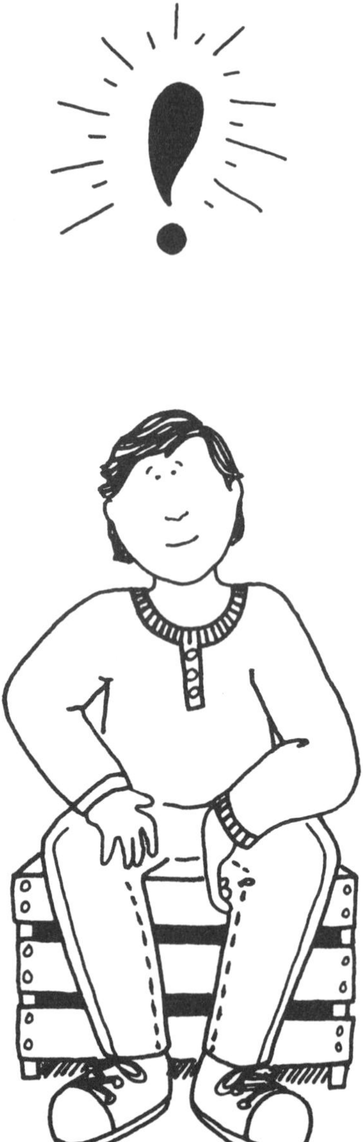

これがほんとうのこと

- 男の子やおとなの男性もたくさん、今までに性的虐待を受けてきた。

- 性的に虐待されたからといって、君がホモなわけではない。おとなになったときに、セックスの相手として、女性をえらぼうが、男性をえらぼうが、それは君の自由だ。

- 君が性的に虐待されたことは、だれも君の顔を見ただけではわからない。だから、ちゃんとそのことをだれかに話して、助けを求めることが大事なんだ。

- 性的に虐待される子どものほとんどは、自分の家で、近所の人とかベビーシッター、友だち、家族のだれか、またはその子がよく知っていて、しんらいしているような人から虐待を受ける。

- 女性からさわられたとしても、男性からさわられるのと同じように、へんな感じや、こわい、いやーな感じがするだろう。これも性的虐待だ。

君が悪いわけではない…………

たとえ…………

たとえ…………

たとえ…………

たとえ…………

……… **君がすぐに「やめて」と言わなくても**

子どもにとって、年上の子どもに向かっては、なかなか「やめて」と言えないし、ましてや相手がおとなだったら、なおさら、むずかしいことだから。

……… **さわられたときに、気持ちよく感じたとしても**

そのさわられ方がいやだと思っても、からだが気持ちよく感じてしまうことはある。

……… **だれかに話したのに、しんじてもらえなくても**

おとなは時々、子どもの言うことを、しんじないことがあるものだ。

……… **あなたがその人のことをすきでも**

いい人でも、悪いことをすることはある。

さあ、もう
だいじょうぶ！

だましたり、買しゅうしたり

相手がどんなやり方で、君をうまくだましてさわるか、またはむりやりさわるか、それを下にあげてみた。そのうちいくつかは、こわいものだから、君にもすぐにわかると思う。でも、なかには君をこんらんさせるようなものもある。だって、友情とか、とくべつなそんざいだと感じさせてくれるとか、お金をかせぐとかいった、ちょっとすてきなことだからだ。

君をうまくだましてさわったり、むりやりさわったりする人は……

- 君のしんらい感を利用して、ゆだんさせる。
- おとなとしての、からだの大きさとけんいを使う。
- 「だれかに言いつけたら、自分がこまるだけだよ」などとおどす。
- 力ずくでやろうとする。

- その人に、かりがあると思わせる。
- こわがらせる。
- わざと愛情を注がないで、見すてられたような気にさせる。
- とくべつなそんざいだと感じさせてくれる。

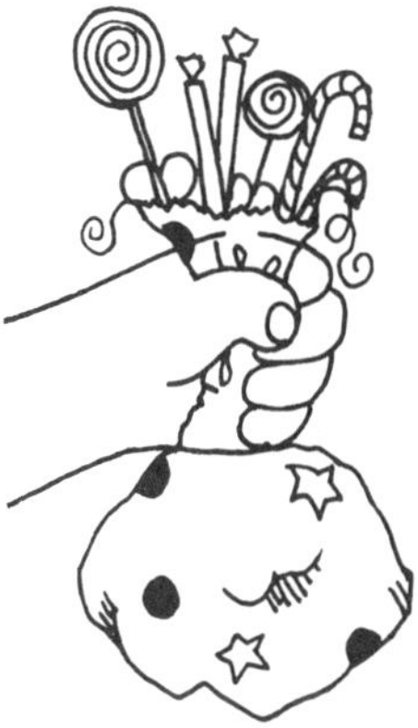

- お金をかせぐ機会をあたえる。
- 助けたり、親切にしたりする。
- 車で送っていこうともちかける。
- 薬物をさし出す。

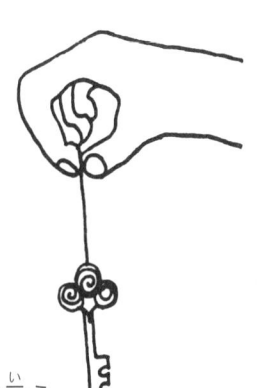

- 友情をほしょうする。
- みんな、こういうことをしていると言う。
- これは、愛情をしめす方法だと言う。

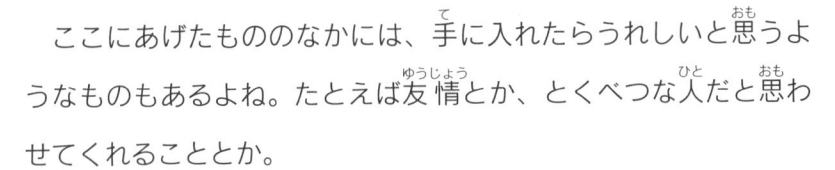

　ここにあげたもののなかには、手に入れたらうれしいと思うようなものもあるよね。たとえば友情とか、とくべつな人だと思わせてくれることとか。

　でも、こういうことは、その人が君のことを大切に思っているなら、こころよく君にあたえるべきものだ。君から何かをもらおうとして、するようなことではない。

ご両親へ

　ここにあげたことは、性的虐待の加害者が、子どもに性的な行為をさせるときに使う、いろいろなやり方です。もしあなたの息子さんが性的虐待を受けたことがあるなら、子どもがそうしたやり方を見分けたり、それに抵抗したりするには、助けが必要だということをお子さんに伝えてください。性的虐待は被害を受けた子どもが悪いのではありません。おとなの加害者こそが、子どもの性的虐待の原因をつくったのです。

こうしておけばよかったと、
君(きみ)はくやむかもしれない...

魔法(まほう)のつえ
願(ねが)いをかなえる妖精(ようせい)

あそこは危ないと、親が言っていた所に、行かなければよかったと。

自分がスーパーヒーローのように、ゆうかんで強くて、一発パンチで、自分を守ることができていたらよかったと。

いやなさわり方に対して、しっかり大きな声で「やめて」と言えていたらと。

お母さんかお父さんが、君の身に起こっていたことに気づいて、止めてくれればよかったのにと。

これなら君にもできる

はっきり「やめて」と言う

おとなに対しても、自分よりからだの大きな人に対しても、
君は「やめて」とか「いやだ」と言うことができる。
君が何をしたいかが、重要なんだ。
だから、こう言っていい。
「やめて。ぼくのここにさわらないで」とか、
「いやだ。あなたとふたりだけで、ここにいたくない」と。

うそをついてもいい

君をきずつけようとしている人を止めるためだったら、
うそをついてもいい。
たとえ、ほんとうでなくても、
「お母さんがもうすぐ帰ってくるよ」とか、
「お兄ちゃんと、ここで会うことにしてるんだ」と言っていい。

だれかに言う

こういうことが起こったと、だれかに打ち明けてもいい。
助けをもとめるために人に言うのは、
ひみつをもらすこととはちがうから。

にげる

できるだけのことをして、にげることもできる。
となりの家でも、友だちの所でも、
近くのお店でもいいから、にげこむ。
にげるために、相手とひっしでやりあわなければならないときには、
君にひどいことをしようとする相手には、
けがをさせたってかまわない、ということをおぼえておいてほしい。

にげるためのいろいろなやり方

助けをもとめるために、こんなことができる…

　もし君が相手に後ろからだきつかれ、口をふさがれたら、その人の小指をにぎって、自分の顔からできるだけはなすようにひっぱる。とにかく前のほうに、ひっぱりつづけるんだ。そうしながら、思いっきりさけぶ。

だれかが君をきずつけようとしたら、できるかぎり大きな声を出す。そのときに、キャーキャーと言うのではなく、しっかりとさけぶ。おなかのそこから声を出すんだ。

　キャーキャーという声は、のどから出るだけ。友だちと外で遊んでこうふんしたり、ものすごく楽しかったりするときに、そういう声を出すよね。おとなは、子どもがそういう声を出すことには、なれてしまっているので、そういう声には、はんのうしてくれないことが多い。

　年上の友だちにでも手つだってもらって、おなかのそこから声を出す練習をするのもいい。そうしてうまく声を出せるようになったら、家族や近所の人たち、友だちなどに、こういう声が聞こえてきたら助けてっていう意味だよと、言っておくといい。

子どもだって、強くなれる

　親か年上の友だちにたのんで、今習った、にげるためのいろいろなやり方を、いっしょに練習してもらおう。ただし、こうしたやり方を使うのは、自分がほんとうに助けをひつようとしているときだけで、友だちやきょうだいをいたい目にあわせるために使ってはいけないよ。

　知らない人の近くでは、いつも自分のうでの長さの二倍は、はなれた所にいるようにしよう。これだけはなれていれば、もし、にげるひつようがあるときにも、うまくにげられるから。それから、うでをまっすぐつき出したままにしてはいけないよ。相手につかまれることがあるからね。

もし後ろからつかまれたら、自分のかかとで、相手の足をふみつけるか、すねを強くこするかする。そうすれば、相手もあわてて、君から手をはなすかもしれない。そうしたら、走って、だれかに助けをもとめるんだ。

子どもの性的虐待の神話

●性的虐待について話をすると、子どもはさらにつらい思いをする。

●性的虐待にあった子は、肉体的にも感情的、精神的にも、一生きずを負う。

●子どもは、かん心を引くために、性的虐待にあったと作り話をする。

●性的虐待とは、セックスのことだけをさす。

　子どもの性的虐待に関しては、ほかにもさまざまな神話があります。ここではとくに、男の子とその親たちが、こうした神話を信じてしまうと、ほかからの助けやくわしい情報を求めなくなるようなものをあげました。

子どもの性的虐待の真実

● 自分の気持ちについて話すことができると、気分もよくなり、安全だと感じ、ほっとすると、多くの子どもは言う。

● 性的虐待とは、子どもにとってはつらく、おそろしく、どうしていいかわからなくなるようなことだ。愛情と理解をもってせっし、専門家の助けもかりることで、長期におよぶダメージを最小限にとどめることができる。

● 子どもは、性的虐待についてうそをつくことは、まずない。ただし、子どもによっては、受けた虐待について、細切れに、少しずつしか打ち明けないこともある。

● 性的虐待というのは、のぞまない性的な接触、つまり、近親かん（家族のだれかとのセックス）、オーラルセックス（相手の性器に口をつけること）、アナルセックス（ペニスを相手のこうもんに入れること）、からだをなでたりさすったりすること、相手が自分の性器を見せること、そして子どもをポルノに出演させることなどすべてをふくむ。

どうして？
どうして？
どうしておとなは子どもを性的に虐待するの？

　おとなのなかには、うまく友だちを作れない人がいる。こうしたおとなは、子どもに対し、セックスをふくめた、いろいろなしゅるいの愛情をもとめるようになることがある。

　子どものときに性的虐待をされた人たちは、自分に起こったことを、今度は子どもを相手にくり返すことがある。助けをひつようとしていたときに、だれからもなんの助けも受けられなかったからだ。

　子どもは、おとなからの愛情をひつようとしているのであって、セックスをひつようとしているのではない。虐待の加害者には、そのちがいがわからない。

　マスコミのなかで、子どもをセックスをする相手であるかのような、えがき方をすることがある。そのために、おとなのなかには、子どもとセックスをしてもかまわないのだ、と思ってしまう人がいる。

被害者が自分のことを語ります。

おれは子どものころに、何回か性的虐待にあった。

おれのことを虐待した人たちはみんな、おれがすごくすきな人ばかりだった。

そういうことはいけないことだなんて知らなかったから——**ただ起こるにまかせて、何も言わずにおこうと思ったんだ。**

そうされるのはいやだったし、**すごくこわいときもあった。**

でもそのうちに、そうされるたびに、ほかのことを考えて気をまぎらわすようにしたんだ。

自分はほかの子たちとはちがうんだって、思ったよ。

フランク

こんなことが、わたしに起こったのです。

子どものころ、おばから何度も性的虐待を受けました。

そのときには、いったいこれがなんなのか、まったくわかりませんでした。自分には何もできない気がして、だれにも言えなかった。ただわすれようとしました。

そのあとはうまくいっていたのですが、とつぜんまた同じようなことが起こったんです。うちに来ていた手つだいの人が、わたしに性的なことをしようとしたんです。わたしはするがままにさせました。実さいのところ、最初はむしろ、わたしがそうしむけたんです。

でも、そのうちにまたかつての**こわい気持ち**がよみがえってきて、もうそれいじょうはさせませんでした。

あの思い出によって、今でもわたしは苦しめられています。

わたしはどうにか、ふつうにおとなになり、今ではせきにんある仕事にもつき、すばらしい妻と子もいます。

それでも、あのとき、自分に起こったことについて、今でも考えますし、**どうしてあんなことが起こったのだろうと、思いなやみます。**いつかだれかが、わたしにその理由を教えてくれるかもしれません。

ジョー

おれは、被害者としても加害者としても、それがどんなものかよくわかっている。

　子どものころ、おれは母親から性的虐待にあったし、なぐられもした。母親はおれに女のかっこうをさせて、自分の性器とおれの性器をさわりながら、マスターベーション（自分で自分の性器にさわって気持ちよくなること）をするんだ。

　父親は、そういうことが起こっていると気づいてたのに、何もしようとはしなかった。

　その性的虐待は何年もつづいたけど、それが母親と味わった、たったひとつのからだのふれあいだったよ。だから、おれは、それが愛情のあらわれなんだと思ってた。

　その後おれは、年上の女性たちをゆうかいし、子ども時代の虐待体験をその相手につづけることで、そのころの虐待の様子を再現した。

　おれは一生のほとんどを、自分がほんとうは男をすきなのか、女をすきなのか、わからないまま過ごしてきた。

　かつて小さいガキのころ、おれは虐待の被害を受けつづけてきた。そこからとてもにげられないという、きょうふにとらわれていたからだ。

マット

子どものころ、わたしは二回、性的虐待にあいました。

一回は、わたしがしんらいしていた三人の年上の男性が、そのしんらいをうらぎったのです。もう一回は、おとなの女性に性的なことをさせられました。

男たちに虐待されたときは、肉体的にぼう力をふるわれ、むりやりやらされたのです。女性のときは、なぐられはしませんでしたが、ことばでしたがわせられました。受け入れたくはなかったのですが、**こわかったのです。はずかしかったし、うらぎられた気がしたし、いかりもわいてきました。**だから、こうしたけいけんを心の中からしめ出し、こんなことが起こったことをわすれようとしました。

しんらい感をうらぎられたので、それからはだれもしんらいしなくなりました。**ひっこみじあんになり、うたぐり深くなり、不信感が強くなりました。**わたしの家族に対してもです。自分の身に起こったことを、とてもはずかしいことだと思ったのです。そうしたことが起こったのは、自分がいけなかったせいだと思いこんでいました。自分がきたならしい、弱い人間だと感じ、こんな目にあったのは、自分だけだとしんじきっていました。そのことを考えるだけでも、おそろしかったので、頭の中からそれをしめ出しました。感情をまひさせ、きずつかないようにすることで、わたしは安心だと感じたのです。

ランディー

親はこんなふうに感じるかもしれません

息子を救うために
次のような変化に注意してください

こうした兆候を見つけたら、必ず専門家に助けを求めてください

●不眠症、悪夢、おねしょ

●理由もなくこわがる、心配する

●今までになく攻撃的になる、または消極的になる

●今までになく、性に強い関心をもつ

●薬物やお酒に手を出す

●家出をしたり、学校をさぼったりする

●自殺を考えたり、試みたりする

息子を救うために

親も完璧な人間ではありません
　息子が性的虐待を受けたことがわかったら、親は腹が立つかもしれませんし、ほんとうかどうか疑うかもしれません。親自身も、必要とするサポートを受けてください。

何が起こったのかを明らかにします

- 息子に、自分のことばで何が起こったかを話してもらいます。親も、子どもの使ったことばで話すようにします。
- 息子に話をさせてください。親が勝手に推測したりしないでください。
- 息子の言うことを、親がもう少し明確にする必要があるかもしれません。質問をするのはいいのですが、息子が尋問されているように感じないように、気をつけてください。
- ほとんどの子どもは、一度に全部話すことはできません。長期にわたって、細切れに話してくるのだと、思ってください。
- 冷静にふるまいましょう。親の反応の仕方が、大きな影響を与えます。なるべくどなったり、怒りをぶつけたりしないでください。息子は、親が自分にむかって怒っているのだと思うかもしれませんから。

息子の言うことに注目します

● このことについて、どんなふうに感じていてもいいのだと、息子に伝えましょう。君の感情は、悪くもないし、まちがってもいないのだと。

● 言われたことを信じます。こうだと決めつけるようなことは言わずに、息子の言うことに、ただ耳を傾けてください。

● 息子に、すべて話していいのだと言いましょう。起こったことを隠そうとしないでください。また、もう聞きたくないと、拒否するようなことはしないでください。

息子をサポートします

- 君のことを大切に思っていて、今でももちろん愛していると、また君には何も非難されるようなことはないと、息子にしっかり伝えましょう。
- 君には安全でいる権利があること、また君を守るためになんでもすると伝えましょう。
- 性的虐待にあったからといって、自分の一生がだめになったわけでも、男としての価値が下がったわけでもなく、性的嗜好が決まったわけでもないことを、はっきり理解させましょう。
- 親としてどのような行動に出るか、どこへ助けを求めに行く必要があるかを、伝えましょう。
- 守れそうもない約束は、しないようにしましょう。たとえば、このことはだれにも言わないというようなことです。秘密にしておくよりも、君の安全を守ることがもっと大事なのだと説明しましょう。

助けを求めましょう

●肉体的な傷害がある、または性感染症の可能性がある場合は、医療機関に相談してください。

●おとなが子どもと性的なことをするのは、法律に違反する行為であり、そのおとながどういう責任を取るべきかは、法律が決めることだと、説明してください。責任の取り方としては、刑務所に入る、カウンセリングを受ける、家からしばらく出る、といった方法があります。

●相手を告訴するかどうかは、息子に決めさせてください。親が代わりに決めないでください。

●子どもの性的虐待についてよく知っている人に、親も、また息子も、カウンセリングを受けてください。

先生へ

　生徒から、自分は性的虐待を受けていると打ち明けられることがあるかもしれません。まず実際に何が起こったかを明らかにし、それからその生徒の言うことに注目し、必要なサポートをするという順に進んでください。

　米国のほとんどの州では、教師は性的虐待の事実を報告する義務があります。もし、生徒が性的に虐待されているのではないかという疑いがあるときは、告知義務について、校長に相談してください。

いくつかの連絡先（米国の場合）

●児童保護を担当している州機関、または私設機関
　　青少年保護省
　　社会福祉省
　　児童への残虐行為防止協会
●精神医療センター
●レイプ救援センター
●病院の救命救急センター
●医師

　多くの州では、上記の機関は、児童保護機関に事件を報告する義務があります。児童保護機関はその事件を引きつぎ、調査する法的義務を課されています。

　親にとっても家族全体にとっても、つらい時期です。

　個々のケースによって、経過は違ってきますが、州機関の係官から、親は質問を受けるかもしれません。

　州機関の仕事は、子どもの安全を保証することなのですが、家族によっては自分たちが非難され、批判されているように感じたり、不安や恐怖を感じたりするかもしれません。また、理性を失うこともあるでしょう。

　レイプ救援センターなどからカウンセラーを送ってもらい、この一連の措置の間、あなたの側にいてサポートしてもらうこともできます。

訳者あとがき

　今年の3月末、メグ・ヒックリングさんからこんなファックスをもらいました。
「タエコ、男の子の性的虐待について、"it happens to BOYS too…"というすばらしい本を見つけたので、本文を何ページかコピーして送ります。希望があれば、本そのものも郵便で送りますよ」
　続いて届いた7、8枚のファックスをさっと読んでみると、確かに要点がわかりやすく書かれていて、イラストもとてもいいのです。男の子の性的虐待という深刻な問題を題材にしていても、これなら、日本の男の子や親にも、受け入れてもらえるだろう。ぜひ、翻訳して、日本でも出版したいと思いました。さっそく、メグさんに本を郵送してほしいと頼みました。
　届いた本は、35ページの薄い小冊子でした。表紙の裏側の記述を読んでみると、なんと1987年に米国マサチューセッツ州のレイプ救援センターから出版されたとのことです。17年も前に、男の子の性被害に関する本が出ていたとは、ほんとうに驚きました。
　ちょうどそのころ、わたしは『メグさんの男の子のからだとこころQ&A』という本の翻訳をほぼ終え、あとは築地書館の編集者、橋本ひとみさんと最後の詰めをする段階にきていました。メグさんが日本の読者のために書き下ろしてくださった男の子向けの本と一緒に、男の子の

性的虐待についてのこの冊子も、同時に出版できないだろうか？　そうすれば、男の子のからだと性の問題が、よりはっきりするのではないだろうか？

そう思いついたわたしは、さっそく橋本さんにこの本のコピーをファックスで送り、日本で翻訳出版することをぜひ考えてほしいと頼みました。橋本さんはすぐに社内会議にはかってくださり、築地書館がこの本の出版に向け、動き出すことが決まったのです。

事はそこまでとんとん拍子で進んだのですが、この冊子の米国の出版社がなかなかつきとめられなくて、しばらくは足踏み状態が続きました。そこで、わたしが直接マサチューセッツ州のレイプ救援センターに電話をして、聞いてみることにしました。電話番号はすぐにわかり、電話をしてみたのですが、担当の人がなかなかつかまりません。それでは文書にして送ろうと、簡単な自己紹介と、カナダの性の健康教育の第一人者であるメグ・ヒックリングさんの本を訳していること、メグさんの本を出版している築地書館が、貴書も出版したいと思っていることなどを書き、ファックスで送りました。そしてようやく、現在は「エリザベス・フリーマン・センター」という組織になっている、このグループの代表、デボラ・ハマー・フィリップスさんと直接、電話で話すことができたのです。

７月になってデボラさんから、この冊子が日本で翻訳されることを聞いて、みなとても喜んでいる、８月初めの理事会にかけるので、その結果がわかりしだい知らせる、といううれしい返事をもらいました。

『メグさんの男の子のからだとこころQ＆A』は９月末に出版されることになっていましたから、同時に出版するつもりなら、理事会の決定を

待ってはいられない。OKが出ることをみこして、翻訳もレイアウトもして下準備をしておこう、そして、日本の状況について、専門家である田上時子さんに解説を書いてもらおうと橋本さんと相談し、仕事を進めていきました。

　幸いにも、翻訳の件は理事会で了承され、"it happens to BOYS too…"は『男の子を性被害から守る本』として、『メグさんの男の子のからだとこころQ&A』とほぼ同時に、こうして日本の読者に届けることができることになりました。

　この本の最後にある「いくつかの連絡先（米国の場合）」は、日本の読者には直接関係はないのですが、そのまま入れておくことにしました。米国の例が、日本でも参考になればと思ったからです。できれば、日本の連絡先を並べて入れたかったのですが、田上時子さんによれば、女性や女の子に対する取り組みは日本でもずいぶん進んできているけれど、残念ながら男性や男の子に対するこうした取り組みは、まだ進んでいないとのことでした。

　本書が、男の子に対する性的虐待という、日本ではまだまだ表に出ていない問題に、少しでも光を当てることができればと、願っています。メグさんと田上時子さんの協力に、また築地書館の決断に心から感謝します。

2004年8月
カナダ、ニューデンバーにて
三輪妙子

解説——なぜ男の子は沈黙をやぶれないのか

田上時子（NPO法人 女性と子どものエンパワメント関西）

　東京・埼玉で幼女連続殺人事件が起きたのは1988年11月から1989年5月でした。4人の幼女がレイプ、殺害され、一部骨が焼かれ親に送りつけられるという史上まれな凶悪事件で、当時のメディアは毎日のように報道していました。当時、3歳の女の子の母親でもあったわたしには他人事に思えず、何とかして子どもを性的虐待から守るべく防止策を提示したいという思いで翻訳出版したのが『わたしのからだよ！』（木犀社）という絵本でした。出版後、さまざまな反響がありましたが、全国の女性の性的虐待のサバイバーから、電話や手紙を連日のようにもらいました。男性からは一通もありませんでした。

　わたしは、1988年9月に帰国するまで10年間、カナダで生活していましたので、性的虐待の被害者は女子だけではなく男子にもおよぶというのは知っていましたし、『わたしのからだよ！』の教則本にもそう書きました。絵本に出てくる子どものイラストも女の子だけを示すのではなく、男の子にも見えるようであったのはそのためでした。しかし、当時から社会的な認知としては性的虐待には女の子だけがあうのであり、男の子の被害者はいないといったものでした。男の子の被害や男性のサバイバーについて語ることは完全にタブーでした。

　日本社会にも慣れてきて、目をこらして気をつけていますと、徐々に

ではありますが、男子や男性に対する性暴力はやはり実在するということがわかる報道やニュースを目にすることがありました。最近では2003年に長崎園児殺害事件があります。当時12歳の少年が4歳の男児に強制わいせつを起こし殺害した事件で、衝撃的でした。それでも男子への性的虐待をクローズアップした報道は皆無でした。メディアは生々しい表現を避ける傾向にあり、男の子への性的虐待が世間の注目をあびることにはなりませんでした。メディアも社会も男子への性的虐待をタブー視するのはなぜなのでしょう？ 事実を事実として受け止める度量が世間にないのか。関心をもつ専門家もいないのか。社会的な問題だと認知すると他人事ではなくなり、自分たちの責任が問われるのがいやなのでしょうか？ あるテレビ局からコメントを求められ、問題はタブー視されている男の子への性的虐待であることを話しましたが、その後の連絡はありませんでした。

日本社会は男の子の性被害をどう見ているのでしょうか？ 否認しているとしか考えられません。性被害は女の子や女性には起こるけれども、男の子や男性にはおよばないと考えられているのではないでしょうか。

性被害がなぜ起こるのかという背景を考えると、日本だけは例外で、性被害には女子や女性だけがあい、男子・男性は被害にあわないと考えるのは不自然です。米国やカナダで起きることは日本でも起きるはずです。

社会が否認しつづけると、サバイバーは悲惨です。自分に起こったことは世間では問題にすらならない、自分だけに起こっている特殊なこと

だということは、問題は社会ではなく自分にあり、自分が悪いのだと思ってしまいます。これではサバイバーの回復にはなりません。

　性被害はセックスが第一義的な要因ではないと分析したのは、1970年代後半に始まった北米でのレイプ救援運動のなかでのフェミニストたちでした。セックスが要因なら、マスターベーションなりアダルトビデオなり、風俗や恋人を作るなり、他人を乱用することなく、同意のもとでセックスのできる環境をつくるのは可能です。そうではなくて、同意がないにもかかわらず他人を乱用し、性被害を与える性暴力とは、パワー（power＝力）とコントロール（control＝支配）に関係があるからです。力と支配を感じたいがために自分より力の弱い者を乱用する。これを性的な形で表す。性暴力は他の身体的暴力などにくらべると、パワーやコントロールの獲得度が高いというのは想像ができます。だから加害者にとってはやめられない、中毒になるのです。つまり第二義的な要因であった性が、いつのまにか力と支配を感じる手段になってしまい、加害者にとっては無意識のうちに第一義的な要因にすり替わってしまうということです。ですから、加害者が力と支配を感じるために乱用する相手は女子・女性とはかぎりません。身近で乱用しやすい相手を選ぶわけですから、その相手が男子・男性である場合があるのは容易に想像できることです。

　では、日本における男の子への性的虐待の実態はどうなのでしょう？日本社会は完全に否認していますし、専門家もいません。北米のように調査・研究も進んでいませんから、統計上の数値は皆無で実態を把握す

ることは残念ながらできません。

　本書の解説を書くにあたり、実態を把握するためにも、男性サバイバーに取材を申し込み、当人たちの生の声をドキュメントすることも考えましたが、途中で気持ちを変えました。わたしが今までに体験し、学んだ内容だけで書いてみることにしました。時間と字数の制限との関係もありましたが、日本はまだまだ男性サバイバーが沈黙を破りにくい社会であるという現実を受け止めたつもりです。

　わたしの体験だけでも、男の子にも男性にも性暴力の被害者がいることは確かです。痴漢にあったことがいまだにトラウマになっている男性の友人がいます。『知っていますか？　子どもの性的虐待一問一答』（解放出版社）を出したおりに、「この本は女性しか対象にしていないようだが、あなたは男性のサバイバーがいることを認識しているのか？」というメールも、複数のサバイバーからいただきました。

　かつての米国やカナダもそうでしたが、男性が沈黙を破って被害体験を語りにくい理由がいくつかあります。

　一つはジェンダーの問題です。「男らしさ」（男性性）の中に、「虐待される」という現実が容認されないのです。男は男らしくなくてはいけなく、男らしい男は性暴力の被害者にならない、というわけです。男は強くてたくましい生き物で、力を乱用される側にはなるべきではない、という理屈です。男らしくない男は「女々しい」と人格をも否定されます。

　ジェンダー（gender）という言葉の説明をしておきましょう。日本語でいう男女の性差、男女の違いは英語で三通りの言い方があります。一つは「生物学的な性差」。これを英語では"sex"（セックス）と言いま

す。雄か雌か、出産機能をもつ性として生まれたかそうではないかの性差です。次に性的嗜好の性差があります。異性に性的嗜好をもつのかそれとも同性にもつのか、もしくは両性に対して感じるのか、それを英語では"sexuality"（セクシュアリティー）と言います。もう一つが"gender"です。日本語訳では「社会的性差」です。生まれつきの生物学的性差とは異なり、社会的・文化的に作られた性差を言います。

　わたしたちは生まれつき「女のくせに」「女だてらに」「男なんだから」と性の別により、親からも社会からも違ったメッセージを受けて育ってきました。男は「男らしく」、女は「女らしく」あらねばならないと教えられてきました。結果、女は「女らしい」のが当然、男は「男らしい」のがいいかのように思っています。しかし、それらはすべて後天的に作られたものだというのがわかってきました。わたしは「男らしさ」「女らしさ」というのは人間社会が勝手に言っていることで、生まれたときには男女両性ともその両方の「らしさ」をもっていると思っています。そして、生まれた後で親からどう言われてどちら側が助長されたか、社会からどうメッセージされて、どちらをより強調されたかによって、今の自分らしさが作られたのだと思っています。わたしを例にとっても明らかです。いわゆる「男らしい」強さも、「女らしい」優しさももっています。

　英語では性差をいう場合、今ではほとんど"sex"を使わず、"gender"を使います。例えば、"gender orientation"（性的嗜好）や"gender role"（性役割）などのようにです。なぜなら、今現状にある性差は生まれつきのものではなく、社会的に作られているのだということが一般化しているからです。

二つ目はセクシュアリティーの問題があります。男の子が性的虐待の被害者である場合、加害者は男性である場合と女性である場合が考えられます。男性であるとき、被害者である男の子は同性から性的に乱用されたことでセクシュアリティーに混乱を感じます。同性から性暴力を受けた自分は同性愛者であるのではないかと。これは事実ではなく、神話です。小児性愛者にも見られるように、被害者が男の子でも女の子でも、子どもに近寄る男性のおとなは異性愛者のほうが多いといわれています。しかし、被害を受けた子どもに一般論は通じようがありません。

　三つ目には、今度は加害者が女性である場合です。女性も性的虐待の加害者になりうることは今ではよく知られたことです。女性が加害者の場合に男性と違うのは、攻撃的で暴力的であるよりもむしろ心理的操作というか、非常に巧妙に子どもに近づき行為をします。そして、女の子に対しての性的虐待が同情を受けるのとは異なって、異性である年上の女性から身体的暴力をともなわない性的虐待を受ける男の子には「セックスの方法を伝授してもらえてよかったね」「君はラッキー」等の反応が周りから起こります。つまり、性的虐待を暴力とみなさないどころか被害とはみないのです。被害者の混乱はいかばかりでしょうか。

　四つ目には男子は女子と生物学的に違って、好まない行為にもかかわらず、生理的にからだが反応するということがあります。心はイヤだと叫んでいるのにからだが反応している、これは同意しているのではないかという混乱が起こります。

　これら四つが、男の子や男性のサバイバーが沈黙を破りにくい理由だと考えられます。

性的虐待についての最初の統計は、1974年の米国のデビッド・フィンケルホーによるものでした。四年制大学の学生2000人を対象にした調査で、「女性の４人に１人、男性の10人に１人が子ども時代に性的虐待にあった経験がある」と回答しています。米国では次々に新しい数値が出ていますが、1987年の6000人の男女学生を対象にした調査では「女性の15％、男性の５％が16歳以前にレイプされたことがある」と回答しています。

　わたしがいたカナダでは1984年、バジェリー報告という調査報告書が出ました。これは1981年から３年間かけて、ロビン・バジェリーという人が、一般住民を対象に性被害について調査したものです。結果は「女性の３人に１人、男性の４人に１人が過去に望まない性的活動をされたことがある」と回答しています。またこの回答のうちの80％が「18歳未満に起こった」ということがわかりました。

　カナダでもこの数字は衝撃的なものでした。これほどの高い数値が出るとは予想されていませんでした。性被害に関する社会的な沈黙が破られたときでもありました。

　この調査でも、被害者の５～10％が男性であることがわかりました。

　性的虐待の被虐待児が、おとなになってサバイバーとして虐待体験を語り出したのはいつからだったでしょうか？　DV（Domestic Violence ドメスティックバイオレンス＝夫から妻への暴力）の被害者が声をあげ出したのはいつのころからでしょうか？　性同一性障害の人がカミングアウトしはじめたのはいつのころからでしょうか？　男性サバイバーが沈黙を破れるのはいつになるでしょうか？　性暴力は男の子にも男性に

も起こるのだと社会が認識するのはいつになるのでしょうか？

　1988年、米国で発刊された"The Courage to Heal"（邦訳『生きる勇気と癒す力』三一書房）は当時の女性サバイバーにとってはバイブルのような本でした。そのなかの「沈黙を破る」の章に、「自分の人生の真実を語ることは、子どもの頃に受けた性的虐待から自分を癒すための本質的な作業です。（中略）沈黙を破ることは、癒しのための強力な道具ですが、これはサバイバーの多くにとって難しいことです。（中略）語ることで変革が始まります。誰かにこれまで受けてきたことを語り、その人が敬意と深い共感を持って聞いてくれた時こそ、癒しに不可欠な自己変革が始まるのです」とあります。癒しに沈黙を破ることは必要な過程です。ですが、性そのものがタブーである日本社会にあって、男性サバイバーがカミングアウトしにくい事情もよくわかります。孤立しないことは大切ですが、無理はしないことです。自分が安全だと思った場所で、自分が選んだ人と、自分のペースで安心して語れるようにと願っています。なぜなら、癒しの力はまぎれもなく、自分自身のなかからしかわいてこないからです。

　あなたの痛み、それはあなたの一部分、まちがいなくあなた自身なのです。自分の一部であるならば、それを大事にするしかないのでしょう。痛んでいる自分をしっかりと受けいれる、すべてはそこから始まるのだと思います。

　個人の沈黙と違って責任があるのはメディアや社会の沈黙です。社会が否認しようとも、実際に男の子への性的虐待は起こっています。この事実から目を背けることなく、社会問題と受け止め、取り組みを進めて

いただきたいと思います。でないと、男性サバイバーは回復から遠のきますし、さらなる男の子の被害者が生まれるでしょう。

　本書が一人でも多くの男の子に、その親や教師に、一日も早く届くことを願っています。

　「防止」に力を入れましょう。そしてその防止策は従来の「不審者に気をつけなさい！」「知らない人についていかないように！」というような、子どもが無力感を感じるようなものでは十分ではありません。暴力とは力の落差が乱用されることをいうのですから、子どもに無力感を教えるような防止策は有効ではありません。

　本書にあるように、防止のためには子どもたちに「できること」を具体的に教える必要があります。子どもへの暴力防止でおとなのわたしたちにできることは、子どもたちに性的虐待とは何なのかという正しい情報と、何ができるかというスキルと、そして、子どもの内なる力を信じて子どもをサポートすること、この三点セットです。子どもの自己肯定感（自尊感情）を大切にしましょう。わたしたちおとながいる目の前では子どもへの性的虐待は起こりません。子ども自身が自分の身を自分で守ってくれるしかないのです。子どもはその力をもっています。わたしたちおとなはその力を肯定し信じることです。

田上時子（たがみ・ときこ）
10年間カナダで暮らした後、1988年帰国。さまざまな事業の企画・コーディネート、出版、ビデオ製作などを通して、女性と子どものエンパワメントに努めている。

【著者】
ジェーン・A・W・サツーロ（Jane A.W.Satullo, M.A.）
ロベルタ・ラッセル（Roberta Russell, Ph.D.）
パット・A・ブラッドウェイ（Pat A. Bradway）

　3人は、本書の刊行当時、米国マサチューセッツ州ピッツフィールド市のバークシャー郡レイプ救援センターのスタッフで、ロベルタ・ラッセル博士が代表を務め、ジェーン・A・W・サツーロは臨床を担当、パット・A・ブラッドウェイは教育を担当していた。
　本書は、コネチカット州にある刑務所の性的虐待加害者の治療プログラムのひとつである、週1回のレイプ救援センターのスタッフと加害者の男性たちとのミーティングのなかから、これ以上被害者も加害者も増やさないためにと男の子たちのために作られた。

【訳者紹介】
三輪妙子（みわ・たえこ）
1951年、東京生まれ。
1974年から80年までカナダのバンクーバーで暮らし、エコロジーや女性の運動にかかわる。帰国後も、カナダとの行き来を続けながら、環境保護、反原発、女性問題などに関する翻訳・通訳にたずさわる。
主な訳書に『メグさんの性教育読本』（木犀社）、『メグさんの女の子・男の子からだBOOK』『メグさんの男の子のからだとこころQ&A』（築地書館）、『親を楽しむ小さな魔法』（共訳、築地書館）など。

男の子を性被害から守る本

2004年11月30日　初版発行

著　者／ジェーン・A・W・サツーロ
　　　　ロベルタ・ラッセル
　　　　パット・A・ブラッドウェイ
訳　者／三輪妙子
発行者／土井二郎
発行所／築地書館株式会社
　　　　東京都中央区築地7-4-4-201　〒104-0045
　　　　TEL 03-3542-3731　FAX 03-3541-5799
　　　　http://www.tsukiji-shokan.co.jp/
　　　　振替00110-5-19057
印刷・製本／株式会社シナノ
装　丁／山本京子
イラスト／ナン・ブックレス・グラフィックデザイナー

© 2004 Printed in Japan
ISBN4-8067-1299-X C0037
本書の全部または一部を複写複製(コピー)することを禁じます。

築地書館の本

メグさんの
女の子・男の子からだBOOK

メグ・ヒックリング［著］　キム・ラ・フェイブ［絵］　三輪妙子［訳］

1600円＋税　● 4刷

赤ちゃんはどこからくるの？
からだと性についての子どもからの質問に
〈上手に正しく〉答えるための本。
親子で一緒に読めるカラー絵本です。
日本のお母さんからの質問に、
メグさんが答えたQ&Aつき。

メグさんの
男の子のからだとこころQ&A

メグ・ヒックリング［著］　三輪妙子［訳］　1400円＋税

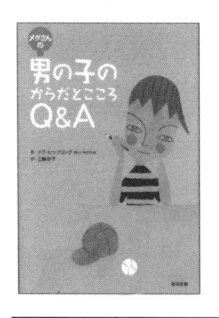

男の子ってこんなことで悩んでいる！
ワークショップで出された
思春期の男の子からの質問・疑問に、
メグさんが明快に答えます。
「最近うちの子はどうしちゃったんだろう」
とお悩みのお母さんにも、おすすめ。

● 総合図書目録進呈します。ご請求は下記宛先まで。
〒104-0045　東京都中央区築地7-4-4-201　築地書館営業部
http://www.tsukiji-shokan.co.jp
メールマガジン「築地書館 BOOK NEWS」のお申し込みはホームページから